AF175757

Impressum
Verlag: BABADADA GmbH, Nedderfeld 112 , 22529 Hamburg
Geschäftsführer / Verlagsleitung: Harald Hof
Druck: Books on Demand GmbH, In de Tarpen 42, 22848 Norderstedt

Imprint
Publisher: BABADADA GmbH, Nedderfeld 112 , 22529 Hamburg, Germany
Managing Director / Publishing direction: Harald Hof
Print: Books on Demand GmbH, In de Tarpen 42, 22848 Norderstedt

1

escuela
school

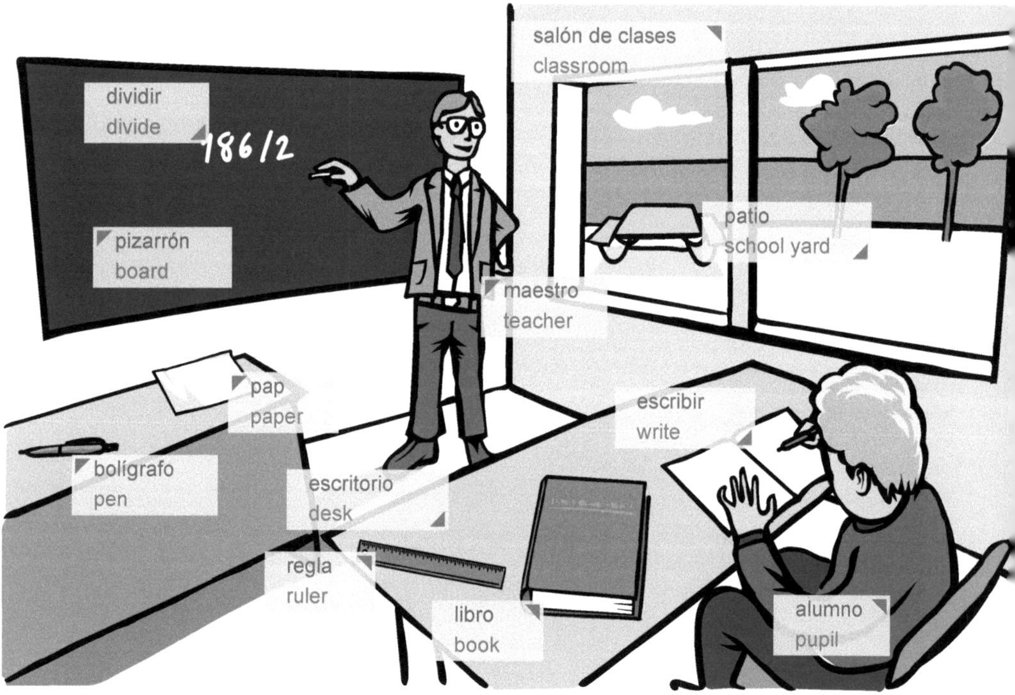
salón de clases
classroom
dividir
divide
186/2
pizarrón
board
patio
school yard
maestro
teacher
pap
paper
escribir
write
bolígrafo
pen
escritorio
desk
regla
ruler
libro
book
alumno
pupil

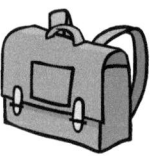

mochila

satchel

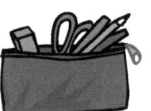

caja de lápices

pencil case

lápiz

pencil

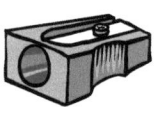

sacapuntas

pencil sharpener

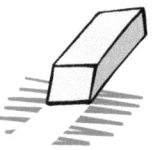

goma de borrar

rubber

bloc de dibujo

drawing pad

dibujo
....
drawing

pincel
....
paintbrush

caja de lápices de color
....
paint box

tijcras
....
scissors

pegamento
....
glue

libro de ejercicios
....
exercise book

tarea
....
homework

número
....
number

sumar
....
add

restar
....
subtract

multiplicar
....
multiply

calcular
....
calculate

letra
....
letter

alfabeto
....
alphabet

palabra
....
word

texto

text

leer

read

tiza

chalk

lección

lesson

cuaderno de clase

register

examen

exam

certificado

certificate

uniforme

school uniform

educación

education

enciclopedia

encyclopedia

universidad

university

microscopio

microscope

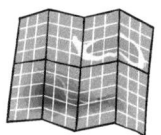

mapa

map

bote de basura

waste-paper basket

viaje

travel

Grand
hotel
hotel
hostel
hostel
ROOMS
casa de cambio
bureau de change
maleta
suitcase
carro
car

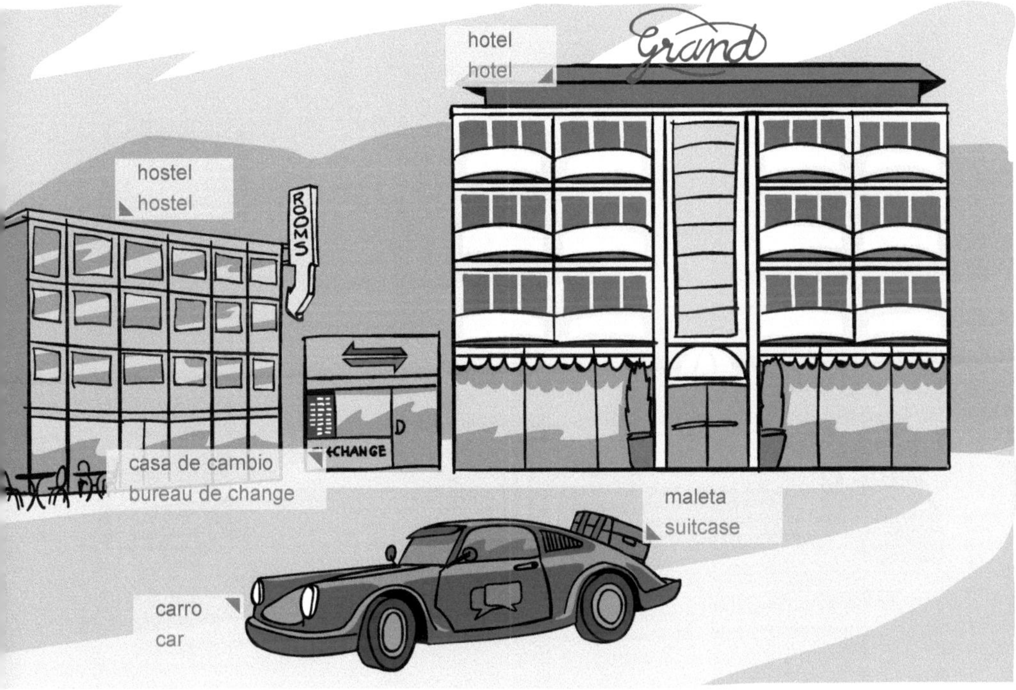

idioma

language

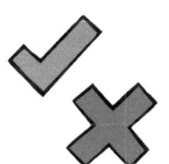

sí / no

yes / no

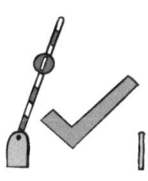

Órale

Okay

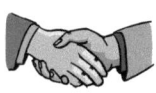

hola

hello

traductor

translator

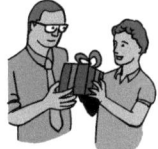

Gracias

Thank you

¿cuánto cuesta...?

how much is...?

No entiendo

I do not understand

problema

problem

¡Buenas tardes!

Good evening!

¡Buenos días!

Good morning!

¡Buenas noches!

Good night!

adiós

bye bye

dirección

direction

equipaje

luggage

bolsa

bag

mochila

backpack

invitado

guest

recámara

room

bolsa de dormir

sleeping bag

tienda de campaña

tent

viaje - travel

información turística

tourist information

playa

beach

tarjeta de crédito

credit card

desayuno

breakfast

almuerzo

lunch

cena

dinner

billete

ticket

ascensor

lift

sello

stamp

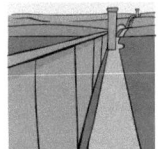

frontera

border

aduana

customs

embajada

embassy

visa

visa

pasaporte

passport

viaje - travel

transporte
transport

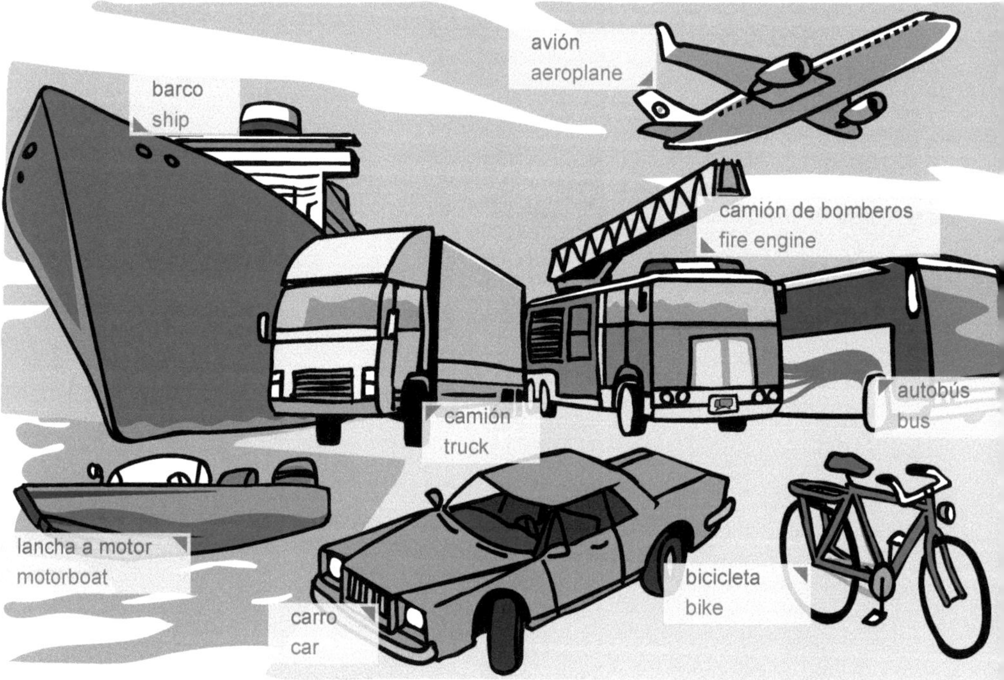
avión
aeroplane
barco
ship
camión de bomberos
fire engine
autobús
bus
camión
truck
lancha a motor
motorboat
bicicleta
bike
carro
car

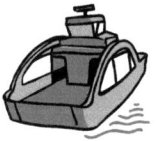

ferry

ferry

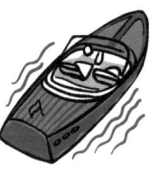

bote

boat

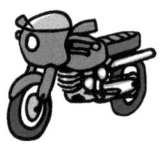

motocicleta

motorbike

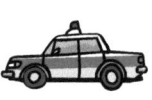

patrulla

police car

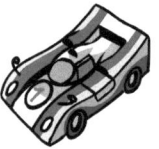

coche de carreras

racing car

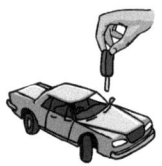

auto para rentar

rental car

renta de autos
car sharing

grúa
breakdown truck

camión recolector de basura
refuse truck

motor
motor

gasolina
fuel

gasolinera
petrol station

señal de tráfico
traffic sign

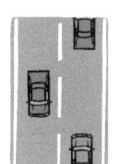

tránsito
traffic

embotellamiento
traffic jam

aparcamiento
car park

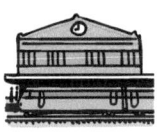

estación de tren
train station

vías
tracks

tren
train

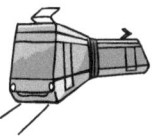

tranvía
tram

vagón
carriage

helicóptero
helicopter

aeropuerto
airport

torre
tower

pasajero
passenger

contenedor
container

caja de cartón
carton

carretilla
cart

cesta
basket

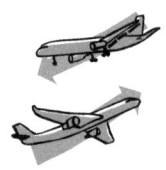

despegar / aterrizar
take off / land

ciudad
city

pueblo
village

centro de ciudad
city centre

casa
house

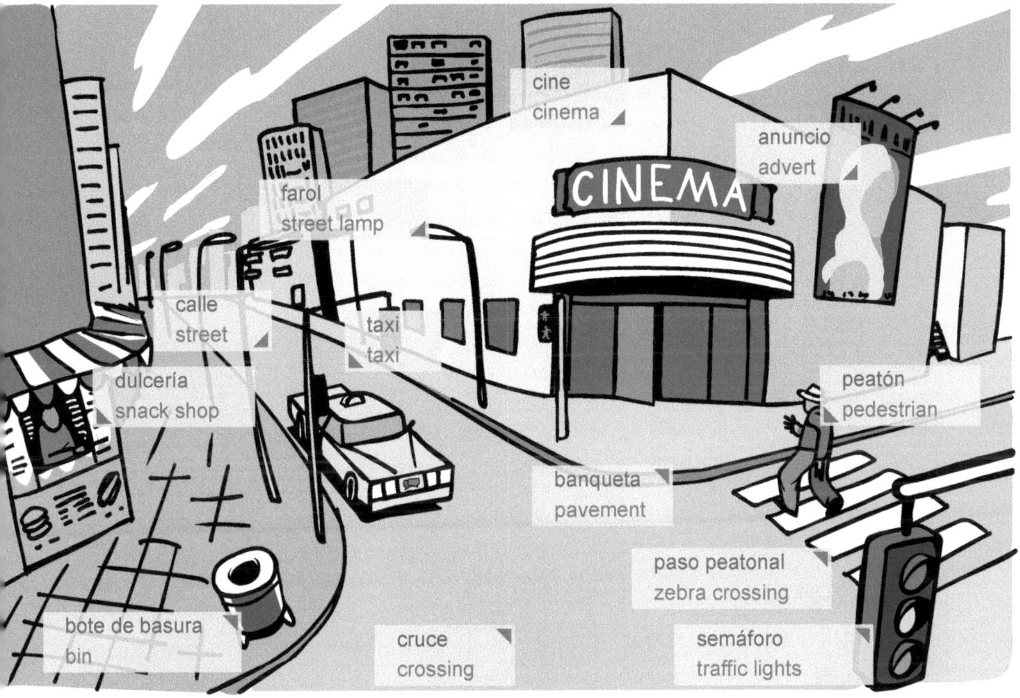
cine
cinema
anuncio
advert
CINEMA
farol
street lamp
calle
street
taxi
taxi
dulcería
snack shop
peatón
pedestrian
banqueta
pavement
paso peatonal
zebra crossing
bote de basura
bin
cruce
crossing
semáforo
traffic lights

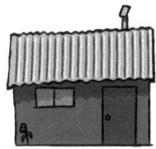

cabaña

hut

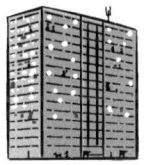

apartamento

flat

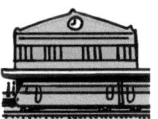

estación de tren

train station

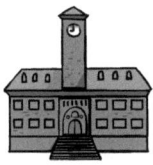

ayuntamiento

town hall

MUSEUM

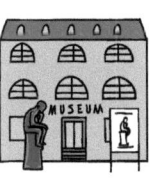

museo

museum

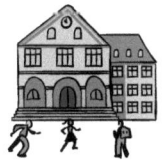

escuela

school

universidad

university

banco

bank

hospital

hospital

hotel

hotel

farmacia

pharmacy

oficina

office

librería

book shop

tienda

shop

florería

florist's

supermercado

supermarket

mercado

market

grandes tiendas

department store

pescadería

fishmonger's

centro comercial

shopping centre

puerto

harbour

parque

park

banco

bench

puente

bridge

escaleras

stairs

metro

underground

túnel

tunnel

parada de autobús

bus stop

bar

bar

restaurante

restaurant

buzón

postbox

letrero

street sign

parquímetro

parking meter

zoológico

zoo

alberca

swimming pool

mezquita

mosque

granja

farm

contaminación

pollution

cementerio

graveyard

iglesia

church

área de niños

playground

templo

temple

paisaje
landscape

hoja
leaf

señal
signpost

camino
way

pradera
meadow

piedra
stone

caminante
hiker

árbol
tree

río
river

pasto
grass

flor
flower

valle
valley

montaña
hill

lago
lake

bosque
forest

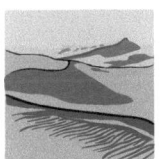

desierto
desert

volcán
volcano

castillo
castle

arco iris
rainbow

champiñón
mushroom

palmera
palm tree

mosquito
mosquito

mosca
fly

hormiga
ant

abeja
bee

araña
spider

escarabajo

beetle

rana

frog

ardilla

squirrel

erizo

hedgehog

liebre

hare

lechuza

owl

pájaro

bird

cisne

swan

jabalí

boar

ciervo

deer

alce

moose

embalse

dam

turbina eólica

wind turbine

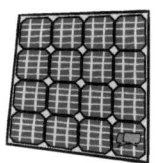

pansolar

solar panel

clima

climate

restaurante
restaurant

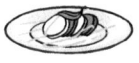

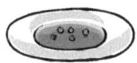

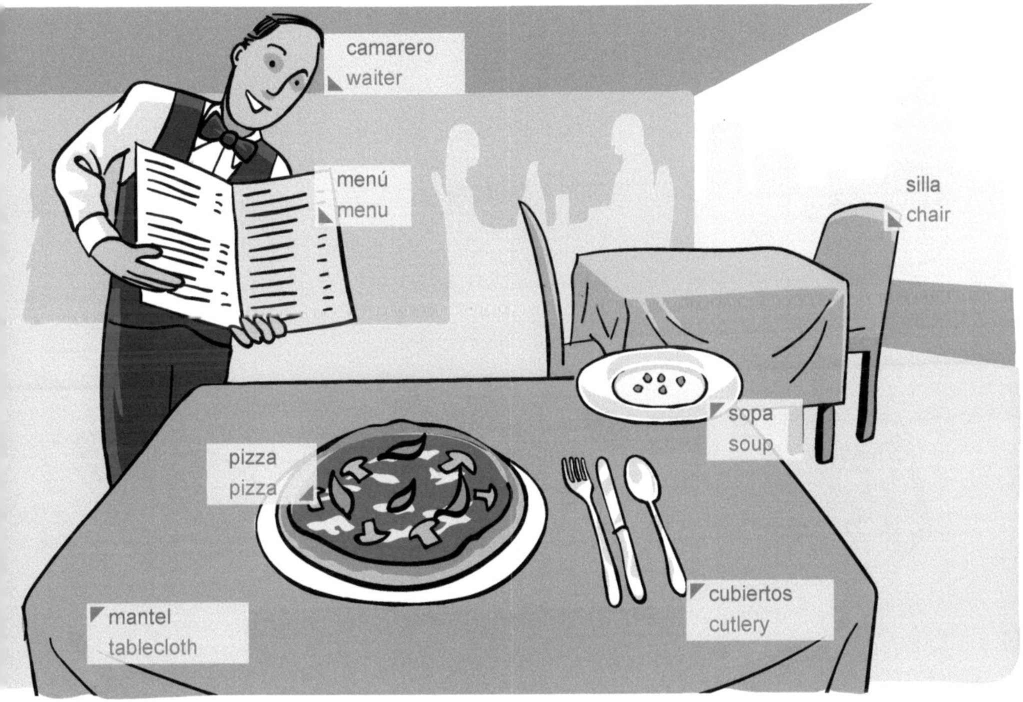

camarero
waiter
menú
menu
silla
chair
sopa
soup
pizza
pizza
cubiertos
cutlery
mantel
tablecloth

entrada

starter

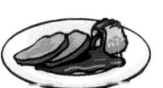

plato fuerte

main course

postre

dessert

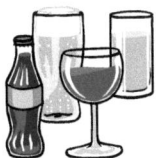

bebidas

drinks

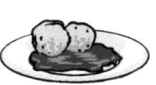

comida

food

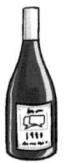

botella

bottle

comida rápida

fast food

comida de calle

street food

tetera

teapot

azucarera

sugar bowl

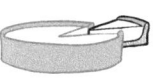

porción

portion

cafetera espresso

espresso machine

periquera

high chair

cuenta

bill

charola

tray

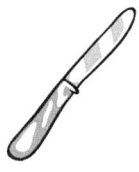

cuchillo

knife

tenedor

fork

cuchara

spoon

cuchara de té

teaspoon

servilleta

serviette

vaso

glass

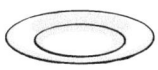

plato

plate

plato hondo

soup plate

plato

saucer

salsa

sauce

salero

salt pot

molino para pimienta

pepper mill

vinagre

vinegar

aceite

oil

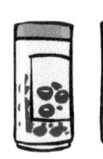

especias

spices

kétchup

ketchup

mostaza

mustard

mayonesa

mayonnaise

supermercado
supermarket

oferta especial
special offer
FOR
cliente
customer
productos lácteos
dairy
fruta
fruit
carrito para compras
trolley

BUTCHERS

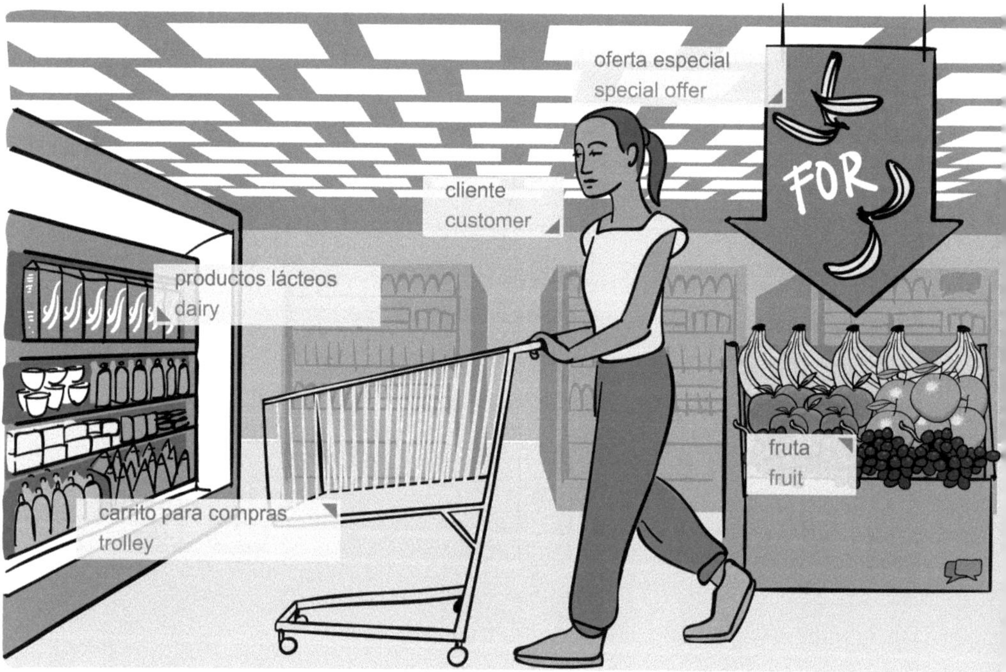

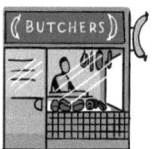

carnicería

butcher´s

BAKERY

panadería

baker´s

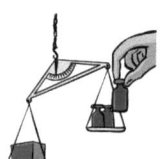

pesar

weigh

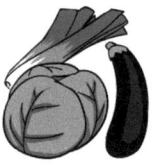

vegetales

vegetables

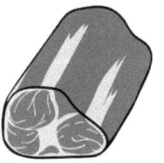

carne

meat

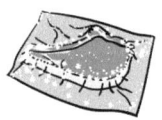

alimentos congelados

frozen food

carnes frías

cold meat

alimentos enlatados

tinned food

detergente en polvo

washing powder

dulces

sweets

electrodomésticos

household products

productos de limpieza

cleaning products

vendedora

salesperson

caja

till

cajero

cashier

lista de compras

shopping list

horario de atención al público

opening hours

cartera

wallet

tarjeta de crédito

credit card

bolsa

bag

bolsa de plástico

plastic bag

agua

water

jugo

juice

leche

milk

refresco de cola

coke

vino

wine

cerveza

beer

alcohol

alcohol

cacao

cocoa

té

tea

café

coffee

espresso

espresso

cappuccino

cappuccino

plátano

banana

manzana

apple

naranja

orange

melón

melon

limón

lemon

zanahoria

carrot

ajo

garlic

bambú

bamboo

cebolla

onion

champiñón

mushroom

nueces

nuts

fideos

noodles

espaguetis

spaghetti

arroz

rice

ensalada

salad

patatas fritas

chips

patatas fritas

fried potatoes

pizza

pizza

hamburguesa

hamburger

emparedado

sandwich

filete

cutlet

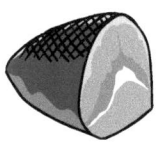

jamón

ham

salami

salami

salchicha

sausage

pollo

chicken

asado

roast

pescado

fish

copos de avena

porridge oats

muesli

muesli

copos de maíz

cornflakes

harina

flour

cuernito

croissant

bolillo

bread roll

pan

bread

tostada

toast

galletas

biscuits

mantequilla

butter

cuajada

curd

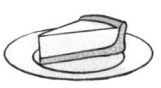

pastel

cake

huevo

egg

huevo frito

fried egg

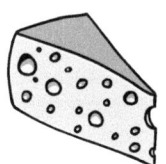

queso

cheese

comida - food

helado

ice cream

azúcar

sugar

miel

honey

mermelada

jam

crema de chocolate

chocolate spread

curry

curry

granja
farm

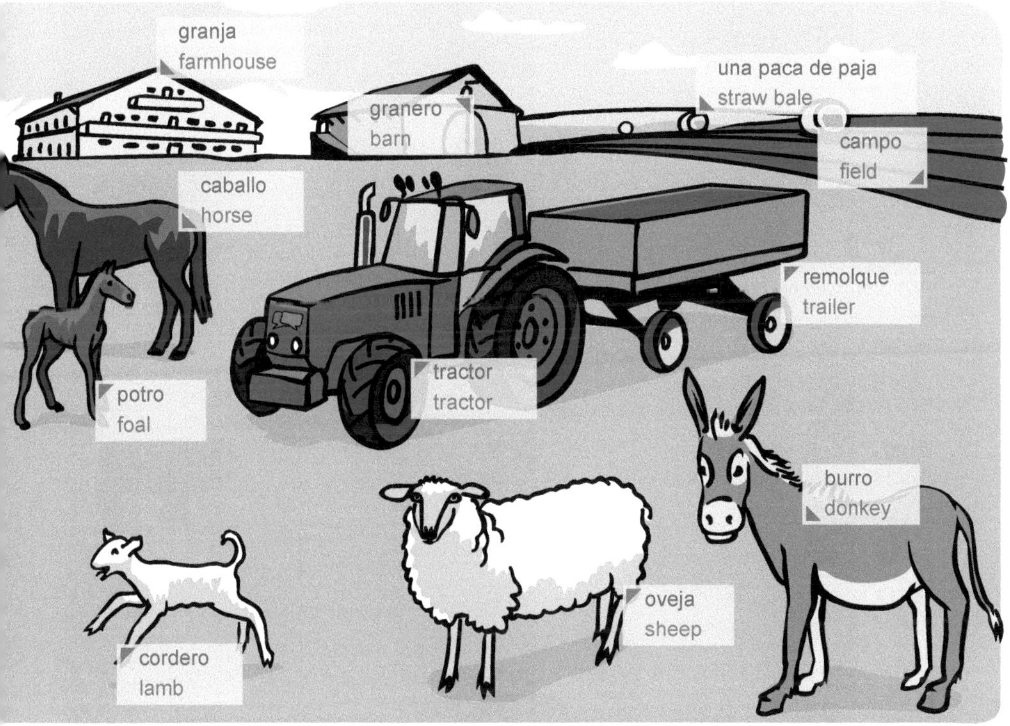
granja
farmhouse
granero
barn
una paca de paja
straw bale
campo
field
caballo
horse
remolque
trailer
potro
foal
tractor
tractor
burro
donkey
oveja
sheep
cordero
lamb

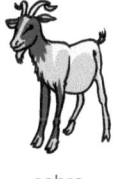

cabra

goat

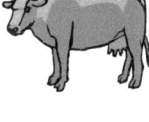

vaca

cow

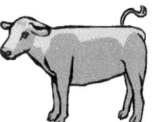

ternero

calf

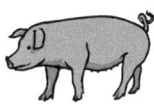

cerdo

pig

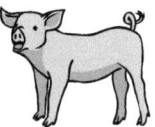

lechón

piglet

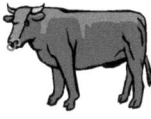

toro

bull

ganso

goose

pato

duck

pollo

chick

gallina

hen

gallo

cock

rata

rat

gato

cat

ratón

mouse

buey

ox

perro

dog

casa dperro

doghouse

manguera

garden hose

regadera

watering can

guadaña

scythe

arado

plough

hoz

sickle

azadón

hoe

horquilla

pitchfork

hacha

axe

carretilla

wheelbarrow

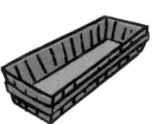

bebedero

trough

bote de leche

milk can

saco

sack

valla

fence

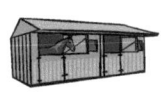

establo

stable

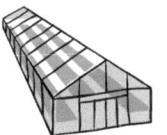

invernadero

greenhouse

suelo

soil

semilla

seed

fertilizador

fertilizer

cosechadora

combine harvester

cosechar

harvest

cosecha

harvest

camote

yams

trigo

wheat

soja

soy

patata

potato

maíz

corn

semilde colza

rapeseed

árbol frutal

fruit tree

mandioca

cassava

cereales

cereals

chimenea
chimney

tejado
roof

canalón
drainpipe

ventana
window

garaje
garage

timbre
doorbell

puerta
door

bote de basura
rubbish bin

buzón
letterbox

jardín
garden

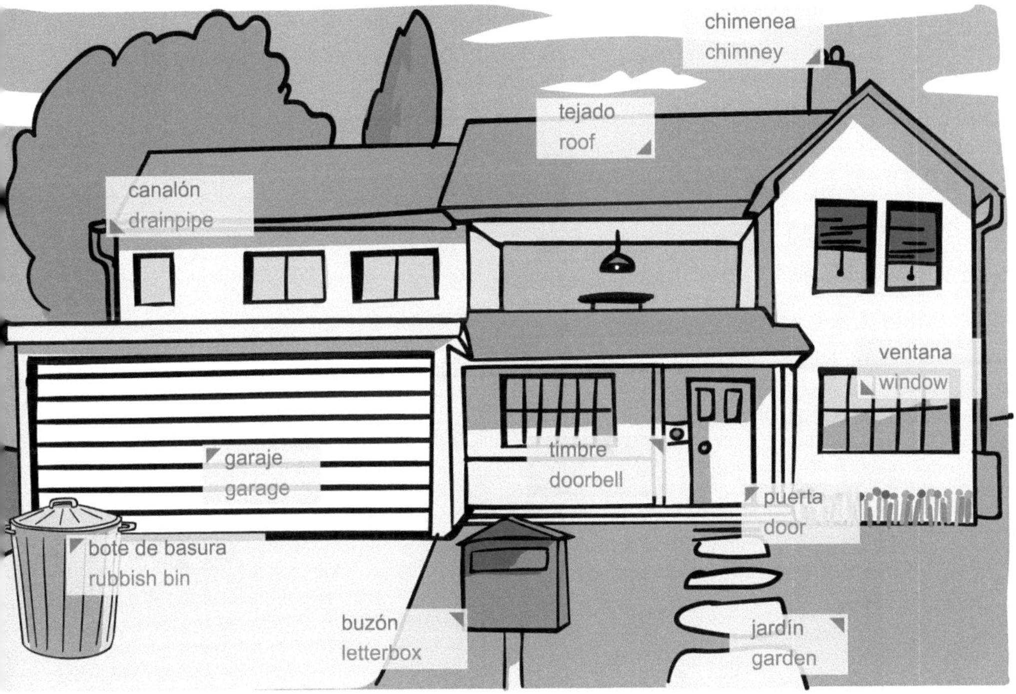

estancia
living room

baño
bathroom

cocina
kitchen

recámara
bedroom

recámara de los niños
child's room

comedor
dining room

casa - house

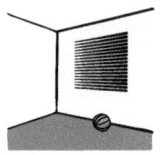

suelo
floor

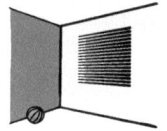

pared
wall

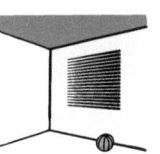

techo
ceiling

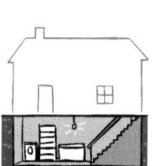

sótano
cellar

sauna
sauna

balcón
balcony

terraza
terrace

alberca
pool

cortacésped
lawn mower

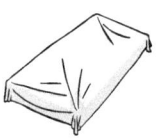

sábana
sheet

colcha
bedspread

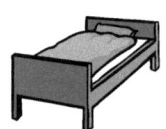

cama
bed

escoba
broom

balde
bucket

interruptor
switch

estancia
living room

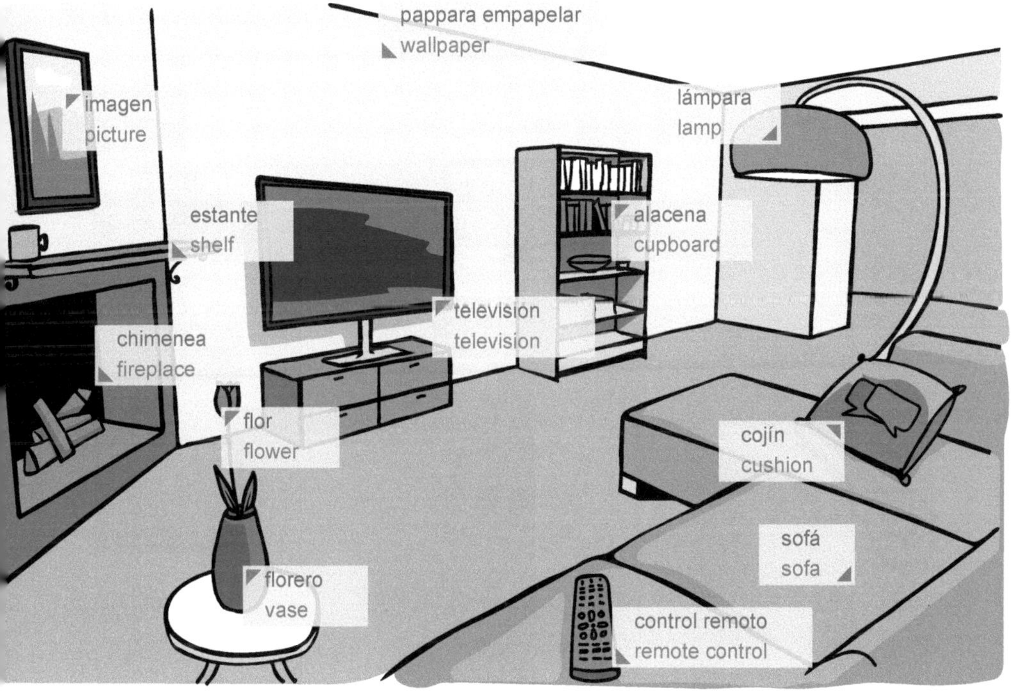
pappara empapelar
wallpaper
imagen
picture
lámpara
lamp
estante
shelf
alacena
cupboard
television
television
chimenea
fireplace
flor
flower
cojín
cushion
sofá
sofa
florero
vase
control remoto
remote control

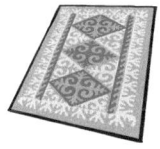

alfombra

carpet

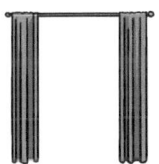

cortina

curtain

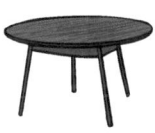

mesa

table

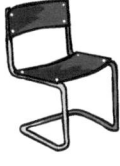

silla

chair

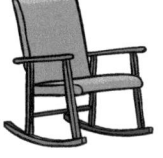

mecedora

rocking chair

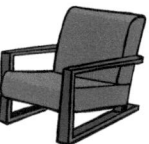

sillón

armchair

libro

book

frazada

blanket

decoración

decoration

leña

firewood

película

film

equipo de música

hi-fi equipment

llave

key

periódico

newspaper

pintura

painting

póster

poster

radio

radio

cuaderno

notepad

aspiradora

hoover

cactus

cactus

vela

candle

cocina
kitchen

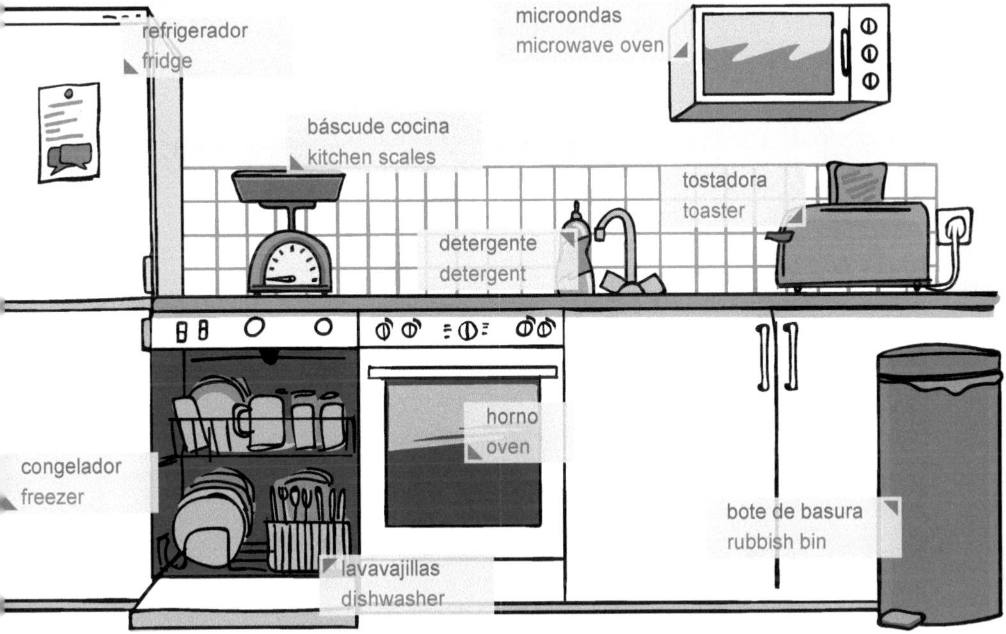

refrigerador
fridge
microondas
microwave oven
báscude cocina
kitchen scales
tostadora
toaster
detergente
detergent
horno
oven
congelador
freezer
bote de basura
rubbish bin
lavavajillas
dishwasher

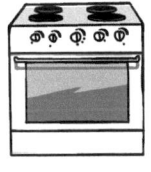

opresión

cooker

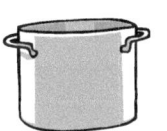

olla

pot

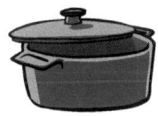

olde hierro fundido

cast-iron pot

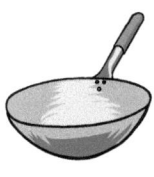

wok

wok / kadai

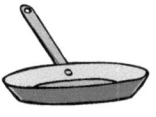

sartén

pan

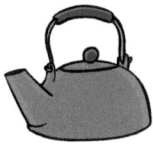

hervidor

kettle

vaporera
steamer

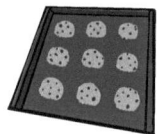

charode horno
baking tray

loza
crockery

taza
mug

bol
bowl

palillos
chopsticks

cucharón
ladle

espátula
spatula

batidora
whisk

colador
strainer

colador
sieve

rallador
grater

mortero
mortar

barbacoa
barbecue

fogata
open fire

tabpara picar

chopping board

rodillo para amasar

rolling pin

sacacorchos

corkscrew

lata

can

abrelatas

can opener

guante de cocina

pot holder

fregadero

sink

cepillo

brush

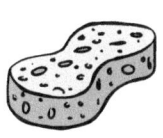

esponja

sponge

batidora

blender

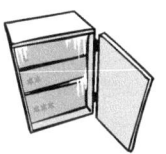

congelador

deep freezer

biberón

baby bottle

llave

tap

bathroom

calefacción
heating

ducha
shower

toalla
towel

cortina de ducha
shower curtain

baño de espuma
bubble bath

tina
bathtub

vaso
glass

lavadora
washing machine

llave
tap

baldosas
tiles

bacinica
potty

fregadero
sink

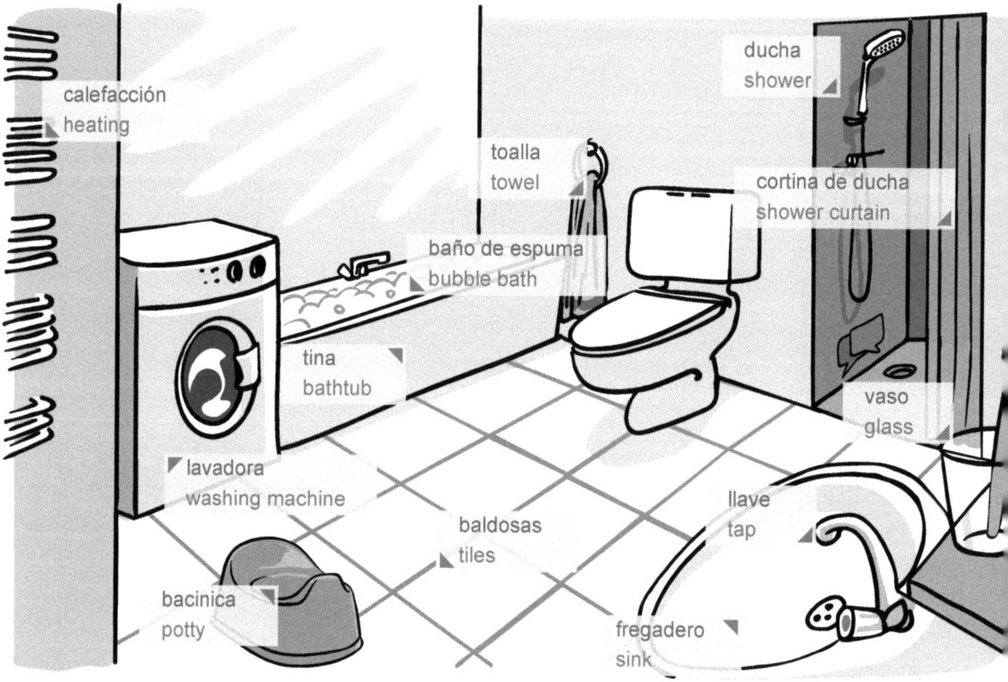

inodoro
toilet

letrina
squat toilet

bidé
bidet

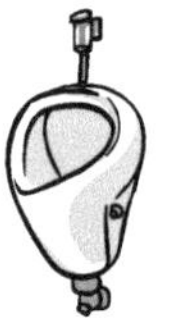

mingitorio
urinal

paphigiénico
toilet paper

cepillo para baño
toilet brush

cepillo de dientes
toothbrush

pasta dental
toothpaste

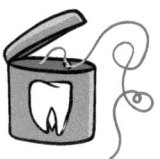

hilo dental
dental floss

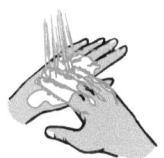

lavar
wash

ducha de mano
handheld shower

ducha vaginal
douche

fregadero
basin

cepillo de espalda
back brush

jabón
soap

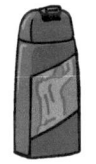

gde ducha
shower gel

champú
shampoo

toallita
flannel

drenaje
drain

crema
cream

desodorante
deodorant

espejo

mirror

espejo de tocador

hand mirror

máquina para afeitar

razor

espuma de afeitar

shaving foam

loción para después de afeitar

aftershave

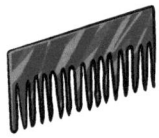

peine

comb

cepillo

brush

secadora

hair dryer

laca

hairspray

maquillaje

makeup

lápiz labial

lipstick

esmalte para uñas

nail varnish

algodón

cotton wool

tijeras para uñas

nail scissors

perfume

perfume

estuche para cosméticos
....
washbag

taburete
....
stool

báscula
....
weighing scale

bata
....
bathrobe

guantes de goma
....
rubber gloves

tampón
....
tampon

toalsanitaria
....
sanitary towel

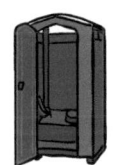

baño móvil
....
chemical toilet

recámara de los niños
child's room

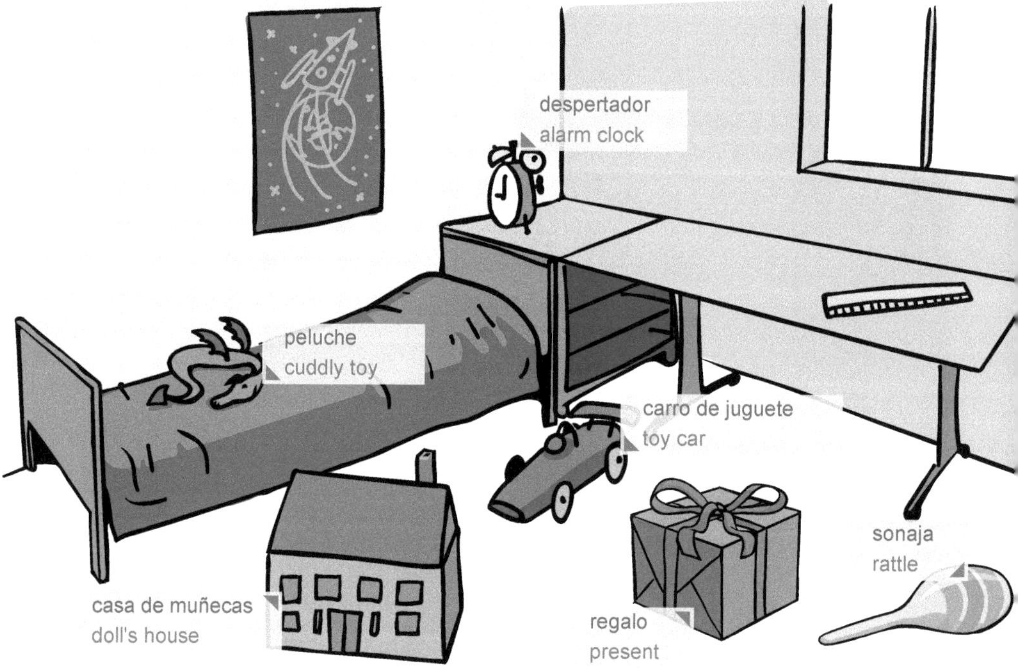
despertador
alarm clock
peluche
cuddly toy
carro de juguete
toy car
sonaja
rattle
casa de muñecas
doll's house
regalo
present

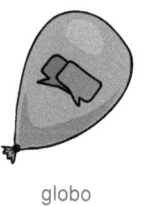

globo

balloon

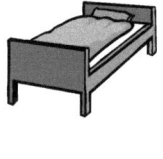

cama

bed

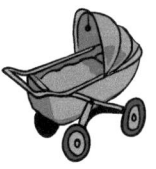

carriola

pram

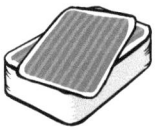

cartas

deck of cards

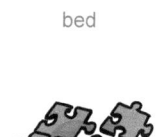

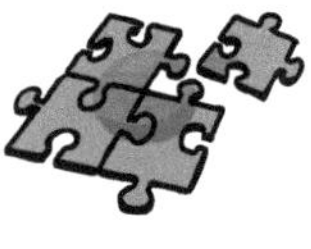

rompecabezas

jigsaw

SUPER
MEGA

cómic

comic

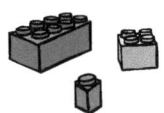

piezas de lego

lego bricks

bloques para jugar

building blocks

figura de acción

action figure

mameluco

babygrow

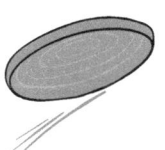

frisbee

frisbee

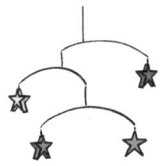

movil para bebes

mobile

juego de mesa

board game

dados

dice

tren eléctrico

model train set

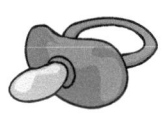

maniquí

dummy

fiesta

party

álbum de fotos

picture book

balón

ball

muñeca

doll

jugar

play

arenero

sandpit

columpio

swing

juguetes

toys

consode videojuegos

video game console

triciclo

tricycle

oso de peluche

teddy bear

clóset

wardrobe

ropa
clothing

calcetines

socks

pantimedias

stockings

mallas

tights

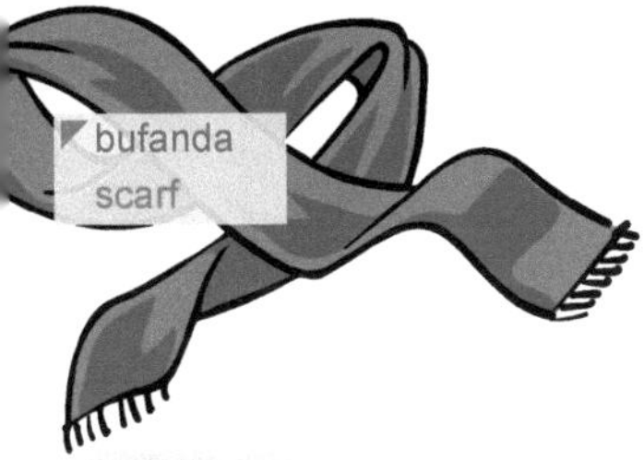

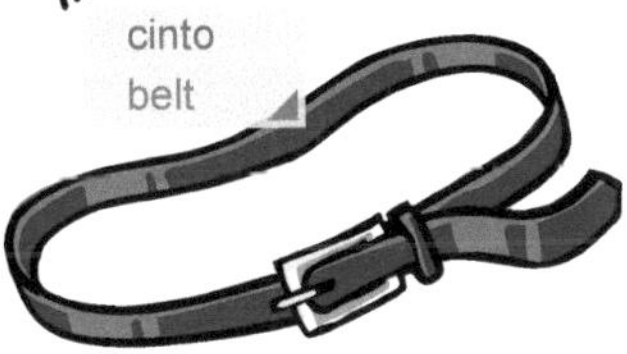

bufanda
scarf

paraguas
umbrella

cinto
belt

playera
t-shirt

tenis
trainers

botas
boots

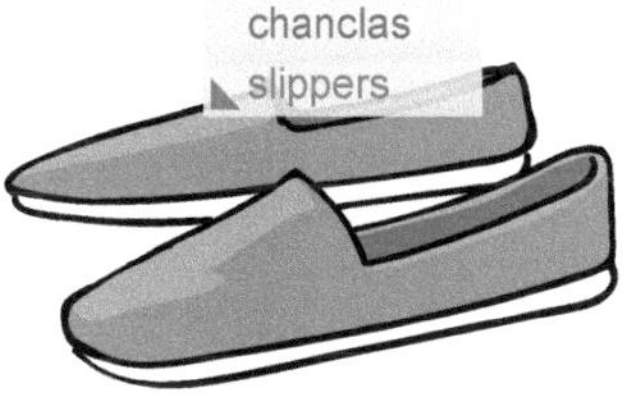

chanclas
slippers

sandalias
sandals

zapatos
shoes

botas de goma
rubber boots

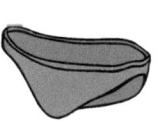

ropa interior
underpants

brasier
bra

chaleco
vest

body
body

pantalones
trousers

pantalones de mezclilla
jeans

falda
skirt

blusa
blouse

camisa
shirt

suéter
pullover

sudadera
hoodie

saco sport
blazer

chamarra
jacket

abrigo
coat

impermeable
raincoat

traje
costume

vestido
dress

vestido de novia
wedding dress

traje

suit

camisón

nightgown

pijama

pyjamas

sari

sari

pañuelo para cabeza

headscarf

turbante

turban

burka

burqa

caftán

kaftan

abaya

abaya

traje de baño

swimsuit

short de baño

trunks

shorts

shorts

pants

tracksuit

delantal

apron

guantes

gloves

botón

button

gafas

glasses

brazalete

bracelet

collar

necklace

anillo

ring

arete

earring

gorra

cap

gancho

coat hanger

sombrero

hat

corbata

tie

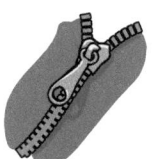

cierre

zip

casco

helmet

tirantes

braces

uniforme

school uniform

uniforme

uniform

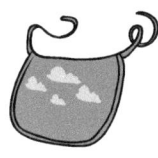

babero

bib

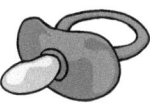

maniquí

dummy

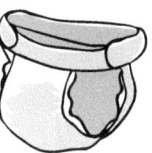

pañal

nappy

oficina
office

servidor
server
archivo
filing cabinet
impresora
printer
pap
paper
monitor
monitor
mouse
mouse
escritorio
desk
carpeta
folder
teclado
keyboard
silla
chair
bote de basura
waste-paper basket
computadora
computer

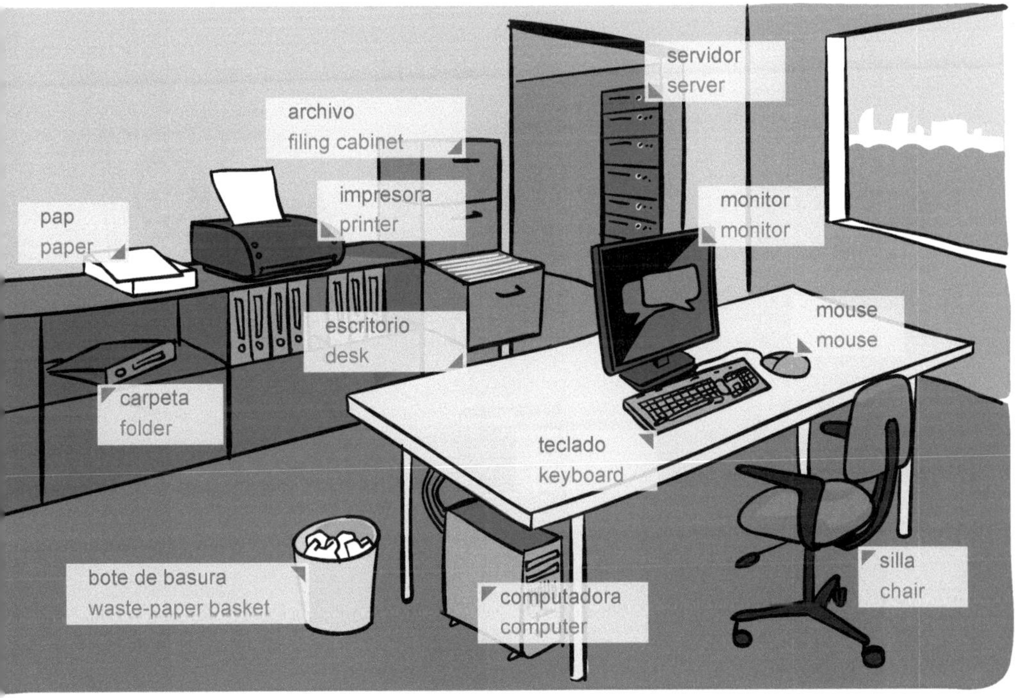

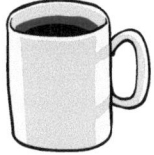

taza de café

coffee mug

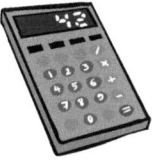

calculadora

calculator

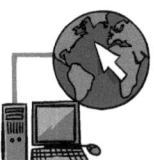

internet

internet

notebook

laptop

carta

letter

mensaje

message

móvil

mobile

red

network

fotocopiadora

photocopier

software

software

teléfono

telephone

tomacorriente

plug socket

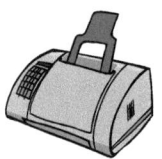

fax

fax machine

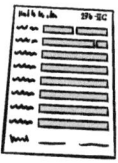

formulario

form

documento

document

comprar
buy

pagar
pay

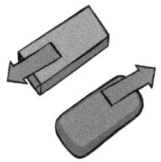

hacer negocios
trade

dinero
money

dólar
dollar

euro
euro

yen
yen

rublo
rouble

franco suizo
Swiss franc

yuan
renminbi yuan

rupia
rupee

cajero automático
cashpoint

casa de cambio

bureau de change

oro

gold

plata

silver

petróleo

oil

energía

energy

precio

price

contrato

contract

impuesto

tax

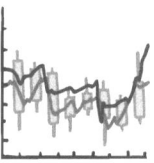

acción

stock

trabajar

work

empleado

employee

empleador

employer

fábrica

factory

tienda

shop

ocupaciones
occupations

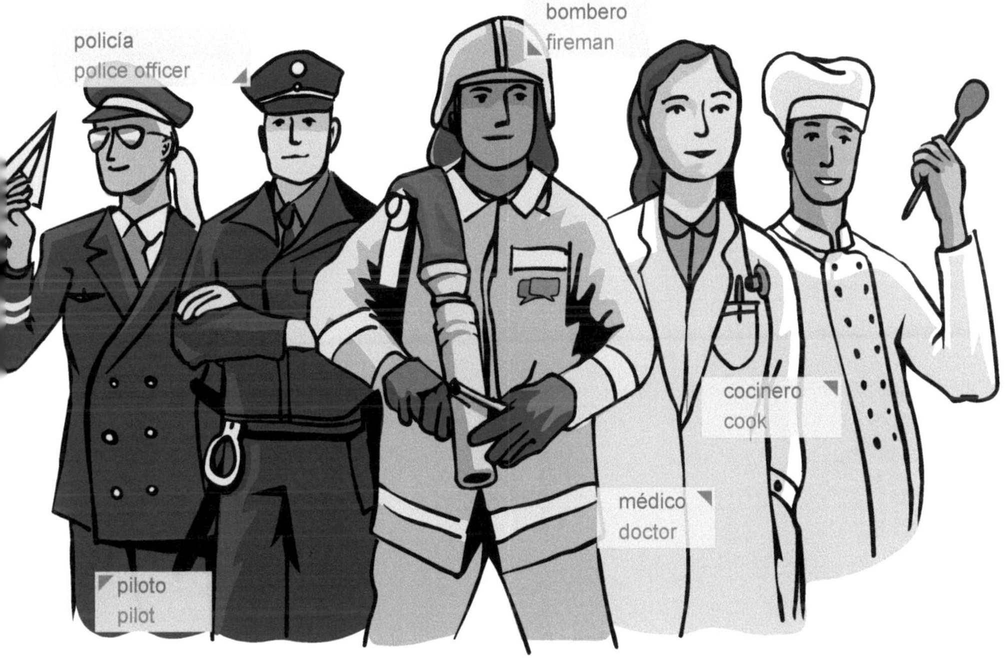

policía
police officer
bombero
fireman
cocinero
cook
médico
doctor
piloto
pilot

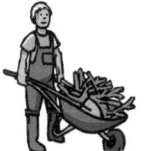

jardinero

gardener

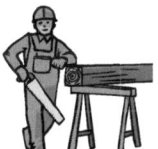

carpintero

carpenter

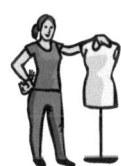

costurera

seamstress

juez

judge

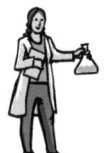

farmacéutico

chemist

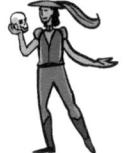

actor

actor

conductor de autobús

bus driver

taxista

taxi driver

pescador

fisherman

señora de limpieza

cleaning lady

instalador de techos

roofer

camarero

waiter

cazador

hunter

pintor

painter

panadero

baker

electricista

electrician

obrero

builder

ingeniero

engineer

carnicero

butcher

plomero

plumber

cartero

postman

soldado

soldier

arquitecto

architect

cajero

cashier

florista

florist

peluquero

hairdresser

cobrador

conductor

mecánico

mechanic

capitán

captain

dentista

dentist

científico

scientist

rabino

rabbi

imán

imam

monje

monk

sacerdote

clergyman

herramientas
tools

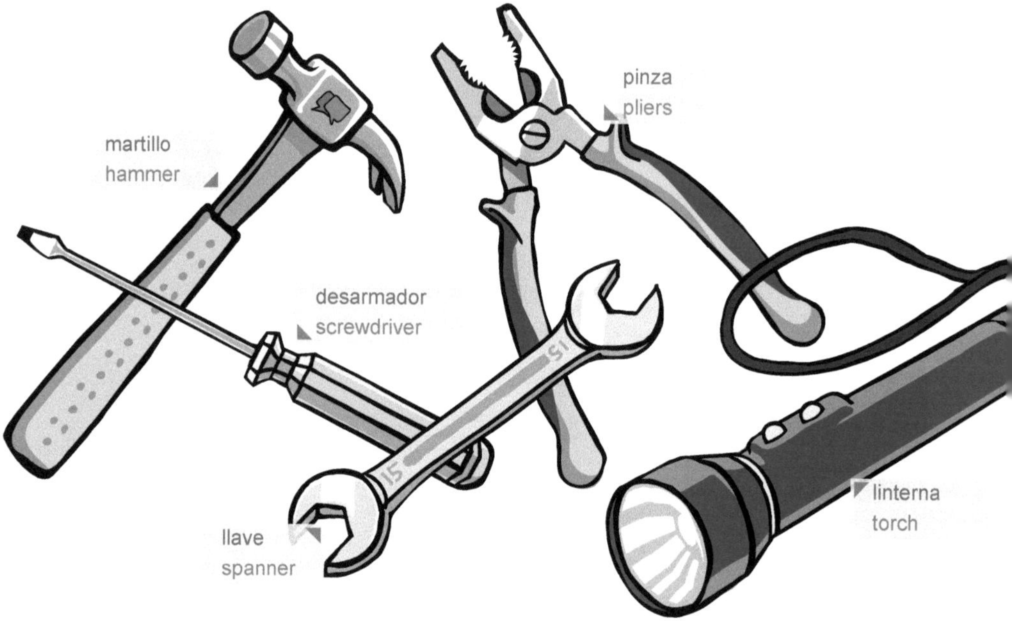
martillo
hammer
pinza
pliers
desarmador
screwdriver
llave
spanner
linterna
torch

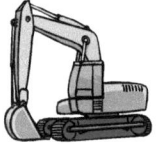

excavadora

digger

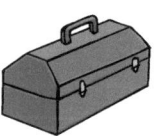

caja de herramientas

toolbox

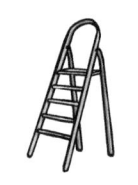

escalera de mano

ladder

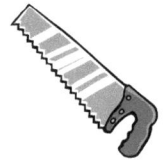

sierra

saw

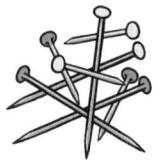

clavos

nails

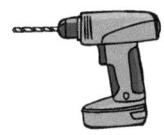

taladro

drill

reparar
repair

pala
shovel

¡Maldición!
Damn!

recogedor
dustpan

bote de pintura
paint pot

tornillos
screws

instrumentos musicales
musical instruments

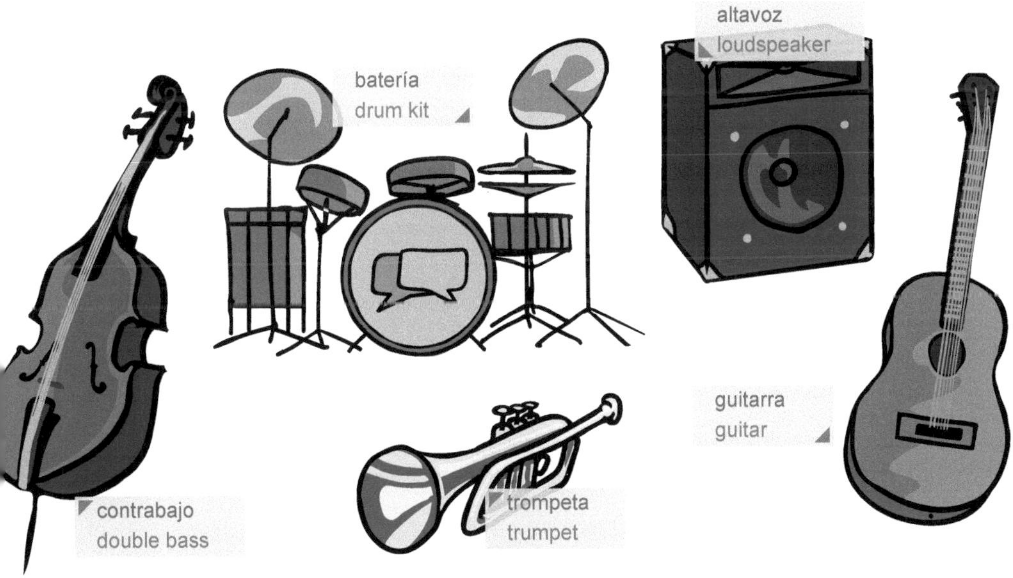

altavoz
loudspeaker

batería
drum kit

guitarra
guitar

contrabajo
double bass

trompeta
trumpet

piano
piano

violín
violin

bajo
bass

timbales
timpani

tambor
drums

teclado
keyboard

saxofón
saxophone

flauta
flute

micrófono
microphone

zoológico

zoo

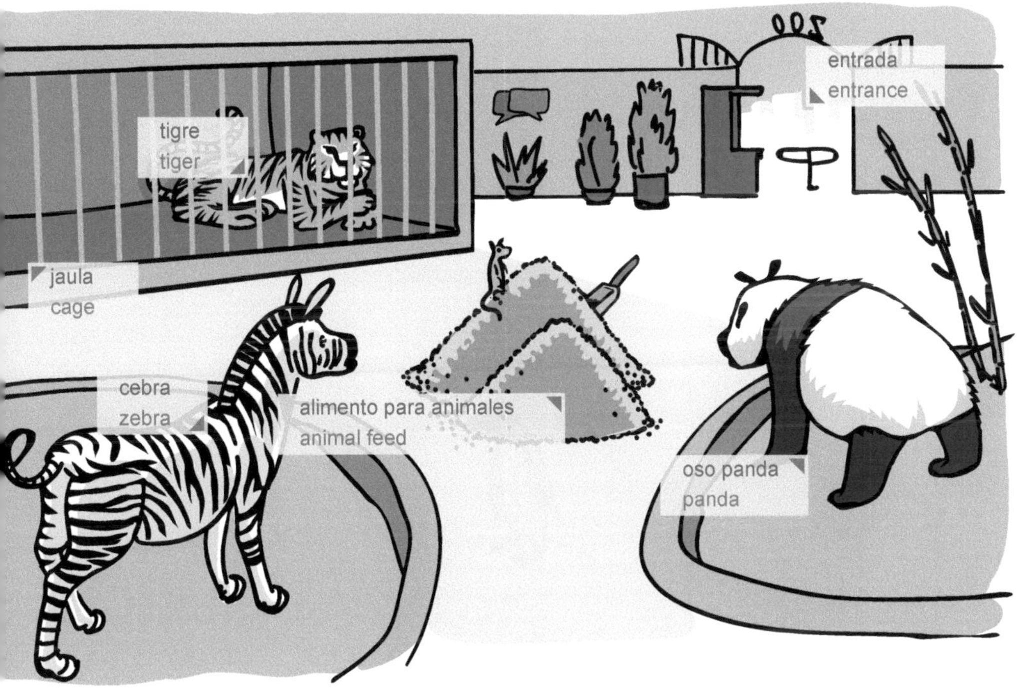
entrada
entrance
tigre
tiger
jaula
cage
cebra
zebra
alimento para animales
animal feed
oso panda
panda

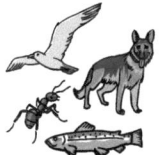

animales

animals

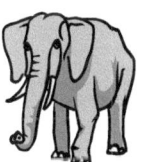

elefante

elephant

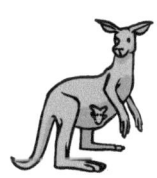

canguro

kangaroo

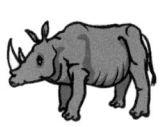

rinoceronte

rhino

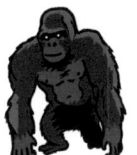

gorila

gorilla

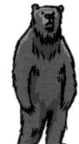

oso

bear

camello

camel

avestruz

ostrich

león

lion

mono

monkey

flamenco

flamingo

loro

parrot

oso polar

polar bear

pingüino

penguin

tiburón

shark

pavo real

peacock

serpiente

snake

cocodrilo

crocodile

guardián de zoológico

zookeeper

foca

seal

jaguar

jaguar

zoológico - zoo

poni

pony

leopardo

leopard

hipopótamo

hippo

jirafa

giraffe

águila

eagle

jabalí

boar

pescado

fish

tortuga

turtle

morsa

walrus

zorro

fox

gacela

gazelle

fútbol americano
American football

ciclismo
cycling

tenis
tennis

baloncesto
basketball

natación
swimming

boxeo
boxing

hockey sobre hielo
ice hockey

fútbol
football

bádminton
badminton

atletismo
athletics

handball
handball

esquí
skiing

polo
polo

actividades
activities

saltar
jump
abrazar
hug
reír
laugh
caminar
walk
cantar
sing
soñar
dream
rezar
pray
besar
kiss

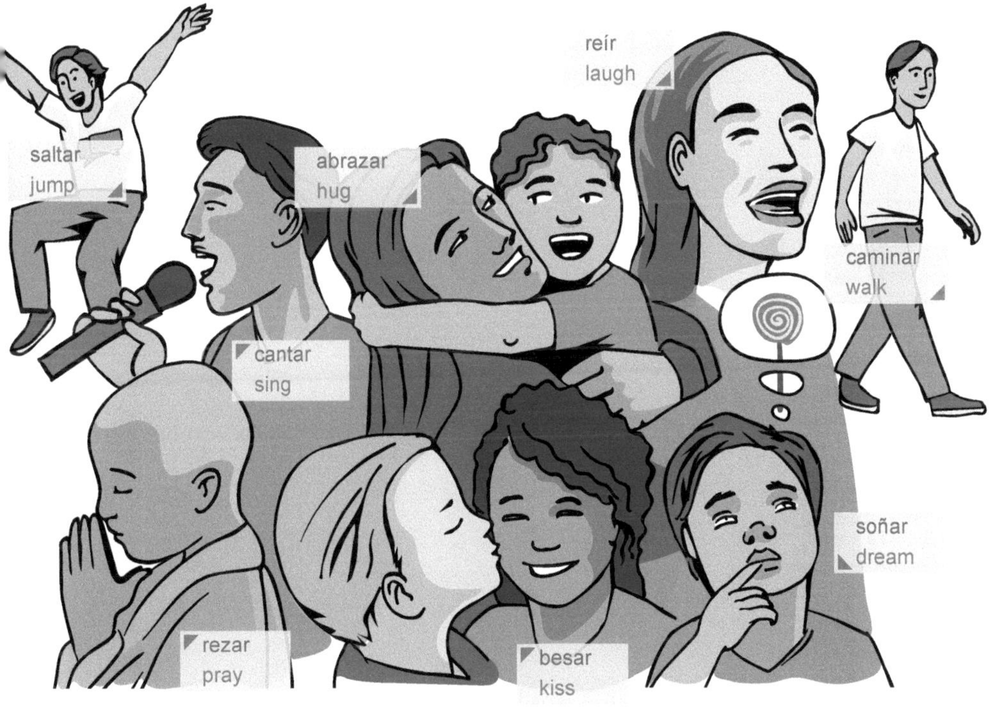

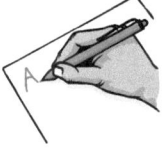

escribir

write

dibujar

draw

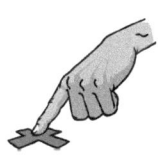

mostrar

show

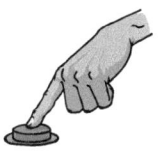

empujar

push

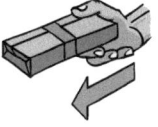

dar

give

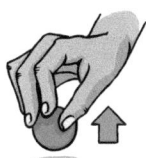

tomar

take

tener
have

hacer
do

ser
be

estar parado
stand

correr
run

jalar
pull

arrojar
throw

caer
fall

estar acostado
lie

esperar
wait

llevar
carry

estar sentado
sit

vestirse
get dressed

dormir
sleep

despertar
wake up

mirar
look at

llorar
cry

acariciar
stroke

peinar
comb

hablar
talk

entender
understand

preguntar
ask

escuchar
listen

beber
drink

comer
eat

ordenar
tidy up

amar
love

cocinar
cook

conducir
drive

volar
fly

actividades - activities

navegar

sail

calcular

calculate

leer

read

aprender

learn

trabajar

work

casarse

marry

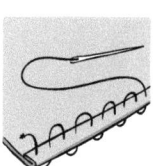

coser

sew

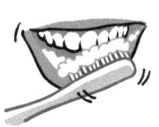

cepillarse los dientes

brush teeth

matar

kill

fumar

smoke

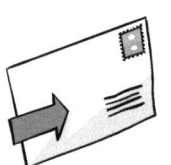

enviar

send

abuela
grandmother

abuelo
grandfather

padre
father

madre
mother

bebé
baby

hija
daughter

hijo
son

invitado

guest

tía

aunt

tío

uncle

hermano

brother

hermana

sister

cuerpo

body

frente
forehead
ojo
eye
hombro
shoulder
dedo
finger
cara
face
barbilla
chin
mano
hand
pecho
breast
pierna
leg
brazo
arm

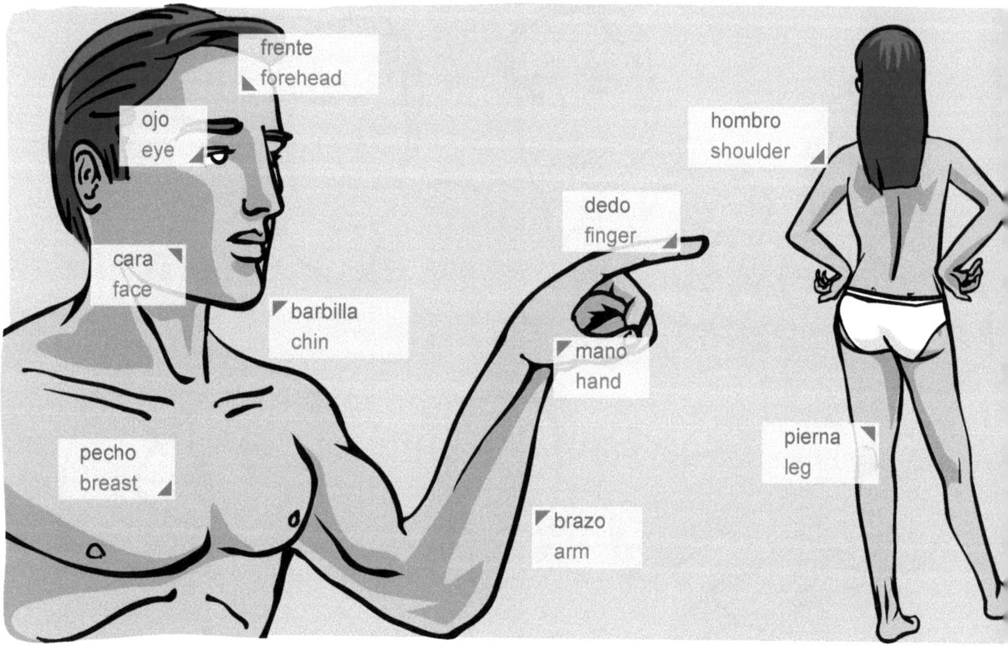

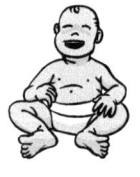

bebé

baby

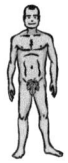

hombre

man

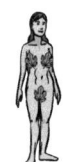

mujer

woman

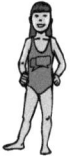

niña

girl

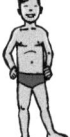

niño

boy

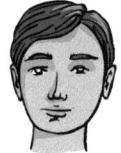

cabeza

head

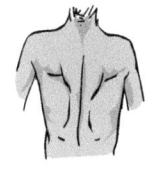

espalda

back

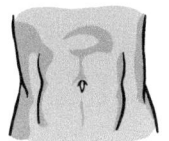

barriga

belly

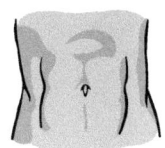

ombligo

belly button

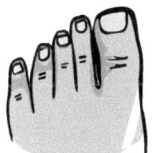

dedo dpie

toe

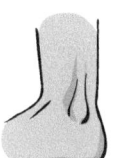

talón

heel

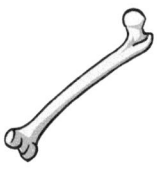

hueso

bone

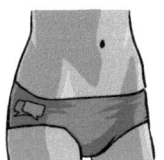

cadera

hip

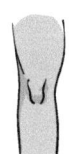

rodilla

knee

codo

elbow

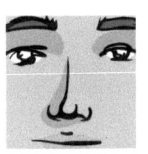

nariz

nose

pompis

bottom

piel

skin

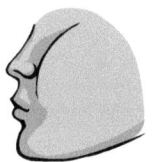

mejilla

cheek

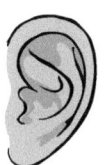

oído

ear

labio

lip

cuerpo - body 69

boca

mouth

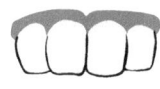

diente

tooth

lengua

tongue

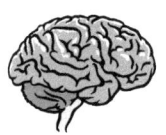

cerebro

brain

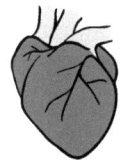

corazón

heart

músculo

muscle

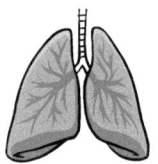

pulmón

lung

hígado

liver

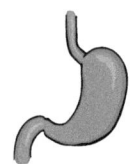

estómago

stomach

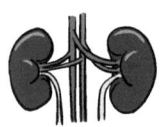

riñones

kidneys

sexo

sex

condón

condom

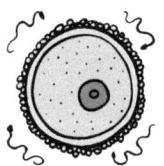

óvulo

ovum

semen

semen

embarazo

pregnancy

cuerpo - body

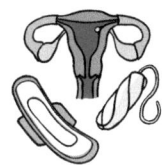

menstruación

menstruation

vagina

vagina

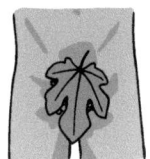

pene

penis

ceja

eyebrow

cabello

hair

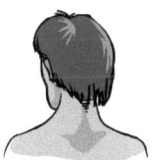

cuello

neck

hospital
hospital

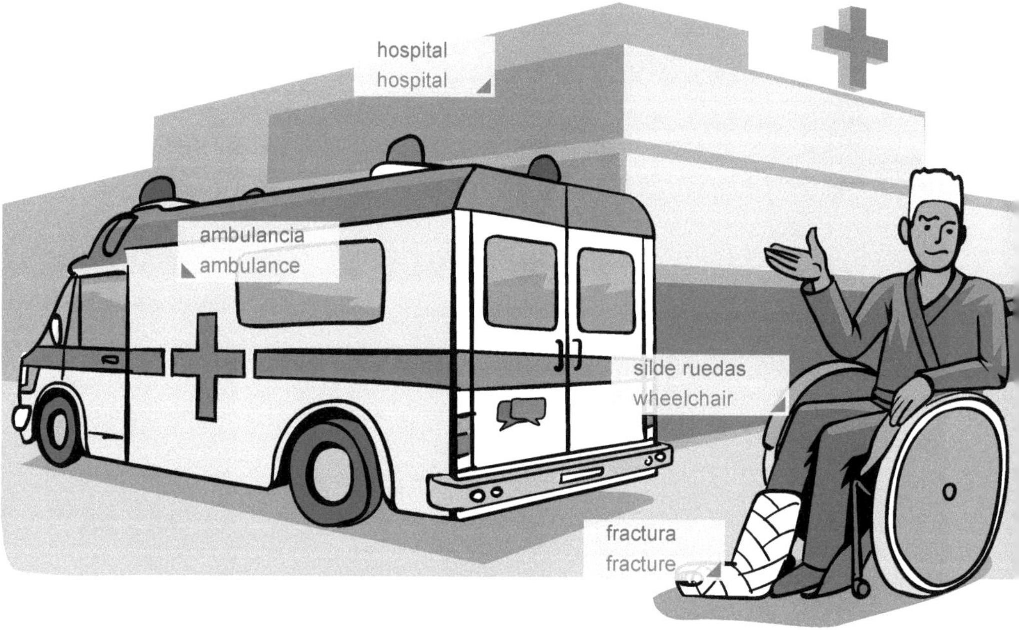

hospital
hospital
ambulancia
ambulance
silde ruedas
wheelchair
fractura
fracture

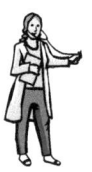

médico

doctor

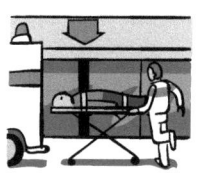

sade emergencias

emergency room

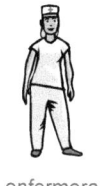

enfermera

nurse

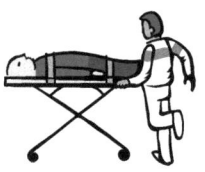

emergencia

emergency

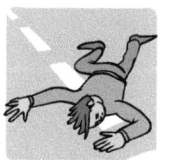

inconsciente

unconscious

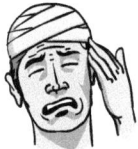

dolor

pain

lesión

injury

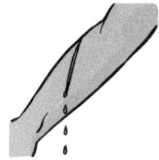

hemorragia

bleeding

infarto

heart attack

ccidente cerebrovascular

stroke

alergia

allergy

tos

cough

fiebre

fever

gripa

flu

diarrea

diarrhoea

dolor de cabeza

headache

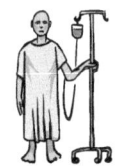

cáncer

cancer

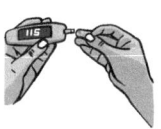

diabetes

diabetes

cirujano

surgeon

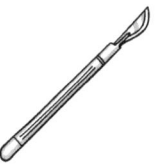

bisturí

scalpel

operación

operation

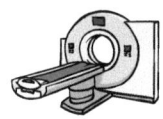

TC

CT

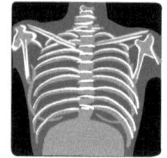

rayos x

x-ray

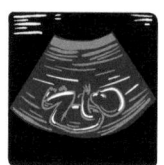

ultrasonido

ultrasound

mascarilla

face mask

enfermedad

disease

sade espera

waiting room

muleta

crutch

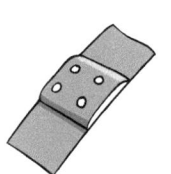

vendita

plaster

vendaje

bandage

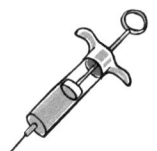

inyección

injection

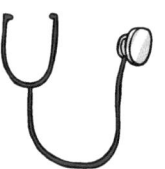

estetoscopio

stethoscope

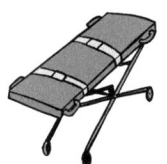

camilla

stretcher

termómetro

clinical thermometer

nacimiento

birth

sobrepeso

overweight

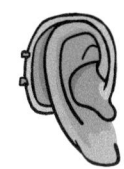

audífono
hearing aid

desinfectante
disinfectant

infección
infection

virus
virus

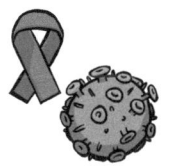

VIH / SIDA
HIV / AIDS

medicina
medicine

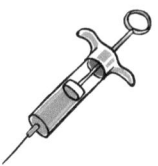

vacunación
vaccination

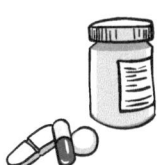

tabletas
tablets

pastilanticonceptiva
pill

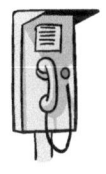

lamada de emergencia
emergency call

medidor de presión
blood pressure monitor

enfermo / sano
ill / healthy

¡Socorro!

Help!

alarma

alarm

agresión

assault

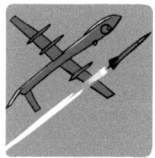

ataque

attack

peligro

danger

salida de emergencia

emergency exit

¡Fuego!

Fire!

extintor de incendios

fire extinguisher

accidente

accident

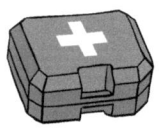

botiquín de primeros
auxilios

first-aid kit

SOS

SOS

policía

police

Europa

Europe

Norteamérica

North America

Sudamérica

South America

África

Africa

Asia

Asia

Australia

Australia

Atlántico

Atlantic

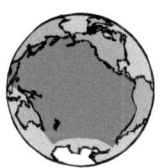

Pacífico

Pacific

Océano Índico

Indian Ocean

Océano Antártico

Antarctic Ocean

Océano Ártico

Arctic Ocean

polo norte

North Pole

polo sur

South Pole

Antártida

Antarctica

tierra

Earth

tierra

land

mar

sea

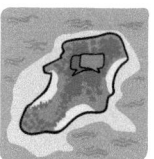

isla

island

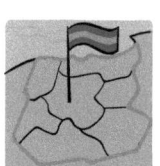

nación

nation

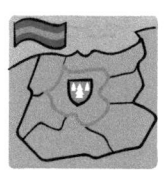

estado

state

esfera

clock face

manecilde las horas

hour hand

minutero

minute hand

segundero

second hand

¿Qué hora es?

What time is it?

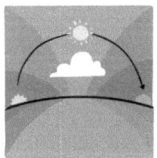

día

day

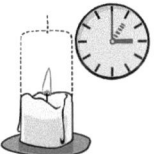

hora

time

ahora

now

reloj digital

digital watch

minuto

minute

hora

hour

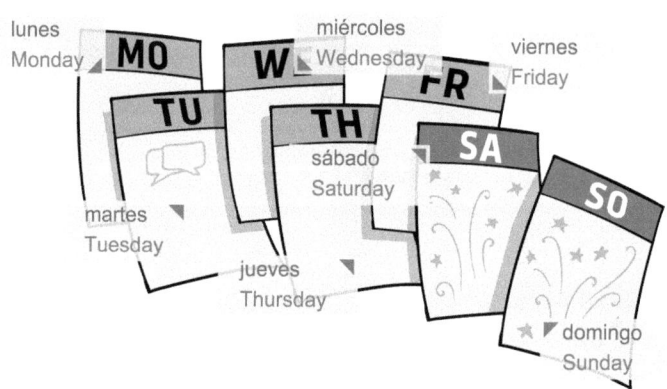

lunes / Monday
martes / Tuesday
miércoles / Wednesday
jueves / Thursday
viernes / Friday
sábado / Saturday
domingo / Sunday

ayer

yesterday

hoy

today

mañana

tomorrow

mañana

morning

mediodía

noon

tarde

evening

MO	TU	WE	TH	FR	SA	SU
1	2	3	4	5	6	7
8	9	10	11	12	13	14
15	16	17	18	19	20	21
22	23	24	25	26	27	28
29	30	31	1	2	3	4

días laborables

business days

MO	TU	WE	TH	FR	SA	SU
1	2	3	4	5	6	7
8	9	10	11	12	13	14
15	16	17	18	19	20	21
22	23	24	25	26	27	28
29	30	31	1	2	3	4

fin de semana

weekend

año
year

lluvia
rain
arco iris
rainbow
viento
wind
nieve
snow
primavera
spring
otoño
autumn
verano
summer
invierno
winter

4.APRIL 11°
5.APRIL 4°
6.APRIL 13°
7.APRIL 8°
8.APRIL 10°

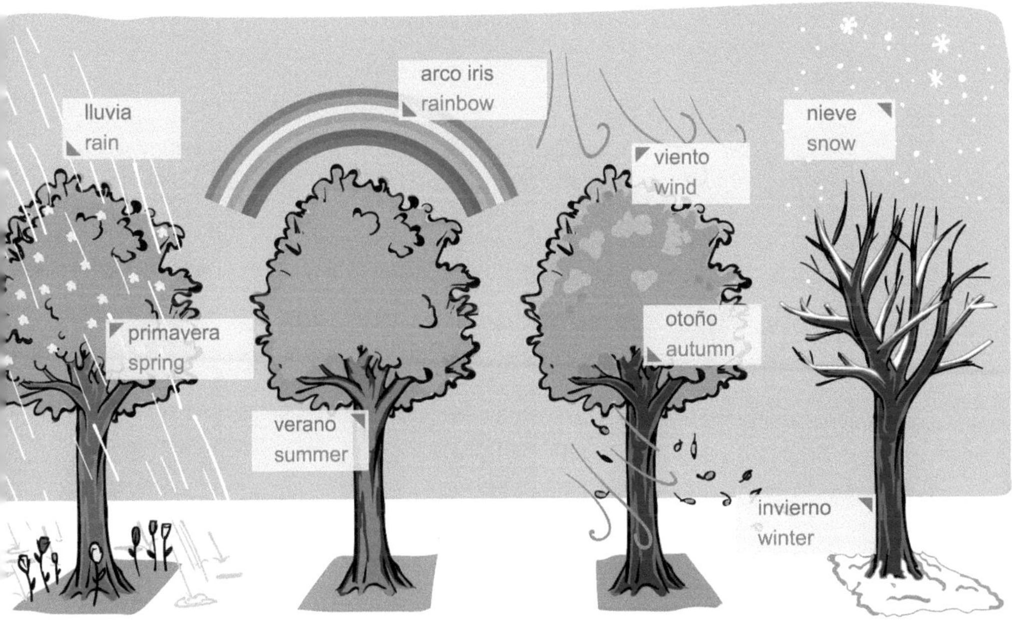

pronóstico dtiempo

weather forecast

F C
120 40
90 30
60 20
30 10
0 0
-30 -10
-20

termómetro

thermometer

sol

sunshine

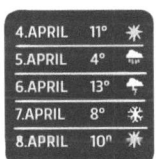

nube

cloud

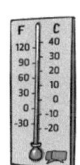

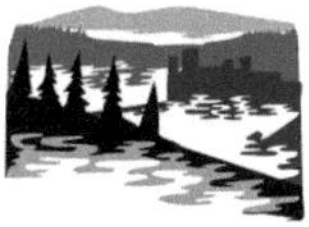

niebla

fog

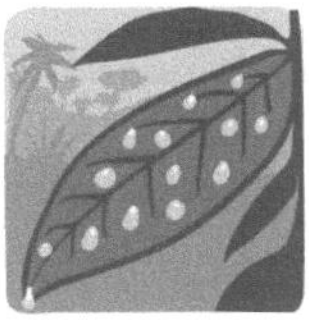

humedad

humidity

rayo

lightning

trueno

thunder

tormenta

storm

granizo

hail

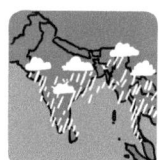

monzón

monsoon

inundación

flood

hielo

ice

enero

January

febrero

February

marzo

March

abril

April

mayo

May

junio

June

julio

July

agosto

August

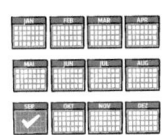

septiembre
....
September

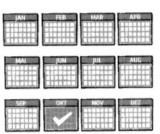

octubre
....
October

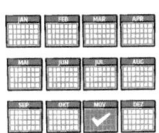

noviembre
....
November

diciembre
....
December

círculo
....
circle

cuadrado
....
square

rectángulo
....
rectangle

triángulo
....
triangle

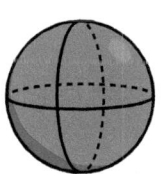

esfera
....
sphere

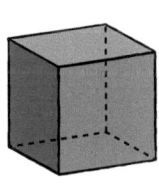

cubo
....
cube

blanco

white

amarillo

yellow

naranja

orange

rosa

pink

rojo

red

morado

purple

azul

blue

verde

green

marrón

brown

gris

grey

negro

black

mucho / poco

a lot / a little

enojado / tranquilo

angry / calm

bonito / feo

beautiful / ugly

principio / fin

beginning / end

grande / pequeño

big / small

claro / oscuro

bright / dark

hermano / hermana

brother / sister

limpio / sucio

clean / dirty

completo / incompleto

complete / incomplete

día / noche

day / night

muerto / vivo

dead / alive

ancho / angosto

wide / narrow

comestible / no comestible

edible / inedible

malo / amable

evil / kind

entusiasmado / aburrido

excited / bored

gordo / delgado

fat / thin

primero / último

first / last

amigo / enemigo

friend / enemy

lleno / vacío

full / empty

duro / blando

hard / soft

pesado / ligero

heavy / light

hambre / sed

hunger / thirst

enfermo / sano

ill / healthy

ilegal / legal

illegal / legal

inteligente / tonto

intelligent / stupid

izquierda / derecha

left / right

cerca / lejos

near / far

nuevo / usado

new / used

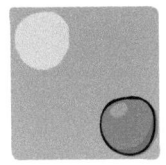

nada / algo

nothing / something

viejo / joven

old / young

encendido / apagado

on / off

abierto / cerrado

open / closed

silencioso / ruidoso

quiet / loud

rico / pobre

rich / poor

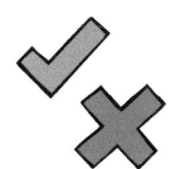

correcto / incorrecto

right / wrong

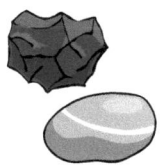

áspero / suave

rough / smooth

triste / contento

sad / happy

corto / largo

short / long

lento / rápido

slow / fast

húmedo / seco

wet / dry

caliente / frío

warm / cool

guerra / paz

war / peace

0

cero

zero

1

uno

one

2

dos

two

3

tres

three

4

cuatro

four

5

cinco

five

6

seis

six

7

siete

seven

8

ocho

eight

9

nueve

nine

10

diez

ten

11

once

eleven

12

doce

twelve

13

trece

thirteen

14

catorce

fourteen

15

quince

fifteen

16

dieciséis

sixteen

17

diecisiete

seventeen

18

dieciocho

eighteen

19

diecinueve

nineteen

20

veinte

twenty

100

cien

hundred

1.000

mil

thousand

1.000.000

millón

million

inglés
English

inglés americano
American English

chino mandarín
Chinese Mandarin

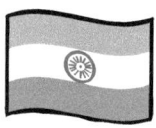

hindi
Hindi

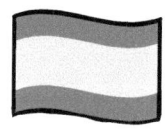

español
Spanish

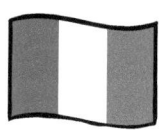

francés
French

árabe
Arabic

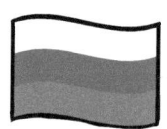

ruso
Russian

portugués
Portuguese

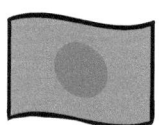

bengalí
Bengali

alemán
German

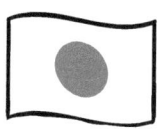

japonés
Japanese

yo

I

tú

you

él / ella

he / she / it

nosotros

we

vosotros

you

ellos

they

¿quién?

who?

¿qué?

what?

¿cómo?

how?

¿dónde?

where?

¿cuándo?

when?

nombre

name

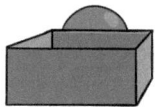

detrás

behind

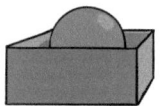

en

in

delante de

in front of

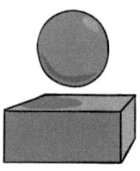

por encima de

over

sobre

on

debajo de

under

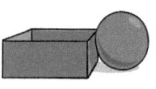

junto a

beside

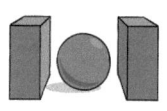

entre

between

lugar

place